AF234532

Impressum
Verlag: BABADADA GmbH, Nedderfeld 112 , 22529 Hamburg
Geschäftsführer / Verlagsleitung: Harald Hof
Druck: Books on Demand GmbH, In de Tarpen 42, 22848 Norderstedt

Imprint
Publisher: BABADADA GmbH, Nedderfeld 112 , 22529 Hamburg, Germany
Managing Director / Publishing direction: Harald Hof
Print: Books on Demand GmbH, In de Tarpen 42, 22848 Norderstedt

duɗal
σχολείο

jangirdu
σχολική τάξη

feccu
διαιρώ

186/2

alluwal
πίνακας

dingiral duɗal
σχολική αυλή

ceerno
δάσκαλος

kaayit
χαρτί

windu
γράφω

bindirgal
στυλό

biro
γραφείο

pondirgal
χάρακας

deftere
βιβλίο

almuudo
μαθητής

sakosel

σχολική τσάντα

suudu kuɗol

κασετίνα/ μολυβοθήκη

kuɗol

μολύβι

ceeɓnoowo kuɗol

ξύστρα

momtirgal

γόμα

nokku diidirɗo

μπλοκ ζωγραφικής

diidgol

ζωγραφική

diidirgal

πινέλο

suudu diidordu

κουτί χρωμάτων

sisooje

ψαλίδι

kol

κόλλα

deftere softinorde

τετράδιο ασκήσεων

coftinogol

εργασία για το σπίτι

tongoode

αριθμός

ɓeydu

προσθέτω

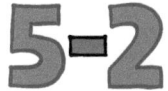

ustu

αφαιρώ

hebbin

πολλαπλασιάζω

lim

υπολογίζω

ɓataake

γράμμα

hijju

αλφάβητο

kongol

λέξη

windande

κείμενο

jangu

διαβάζω

bindirgal

κιμωλία

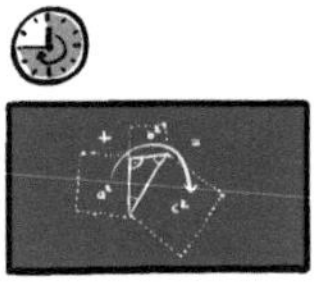

darsu

μάθημα

windaade

εγγράφομαι

ÿeewtogol

τεστ

ijaazi

πιστοποιητικό

wutte jaŋirɗo

μαθητική στολή

jaŋde

εκπαίδευση

ɗowitorde mawnde

εγκυκλοπαίδεια

jaaɓi haatirde

πανεπιστήμιο

mokoroskop

μικροσκόπιο

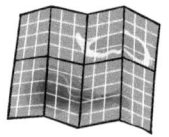

wertaango

χάρτης

siwo mbalis

καλάθι αχρήστων

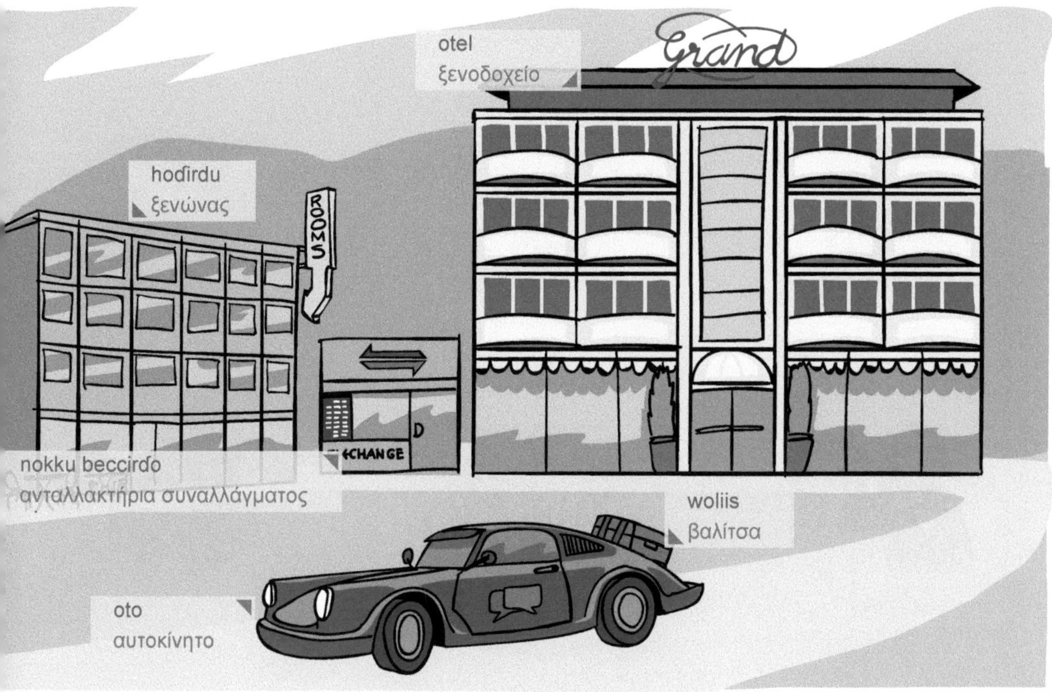

otel
ξενοδοχείο
ξενώνας
nokku beccirɗo
ανταλλακτήρια συναλλάγματος
woliis
βαλίτσα
oto
αυτοκίνητο

ɗemngal

γλώσσα

ey / ala

ναι / όχι

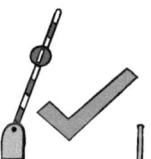

Eyyo

εντάξει

mbaɗɗa

γεια σου

pirtoowo

μεταφραστής

jaraama

Ευχαριστώ

hono foti...?
πόσο κάνει ;

mi faamaani
Δε καταλαβαίνω

satteende
πρόβλημα

jam hiiri
Καλησπέρα!

jam waali
Καλημέρα!

jam waal
Καληνύχτα!

baay baay
Αντίο

ngardiindi
κατεύθυνση

kaake
αποσκευές

saak
τσάντα

saak bakke
σακίδιο πλάτης

koɗo
καλεσμένος

suudu
δωμάτιο

saak ɗaanorɗo
υπνόσακος

taanta
σκηνή

kabaaru jillotooɗo

τουριστικές πληροφορίες

palaaz

παραλία

kartal keredii

πιστωτική κάρτα

kasitaari

πρωινό

bottaari

μεσημεριανό

hiraande

δείπνο

tikkett

εισιτήριο

suutde

ανελκυστήρας

tembere

γραμματόσημο

keerol

σύνορα

soodooɓe

τελωνείο

ambasaat

πρεσβεία

wiisa

βίζα

paaspoor

διαβατήριο

yangarta
μεταφορά

ndiwooka
αεροπλάνο
batoo
πλοίο
motoor jeyngol
πυροσβεστικό όχημα
biis
λεωφορείο
kamiyooŋ
φορτηγό
ana motoor
ηχανοκίνητο σκάφος
welo
ποδήλατο
oto
αυτοκίνητο

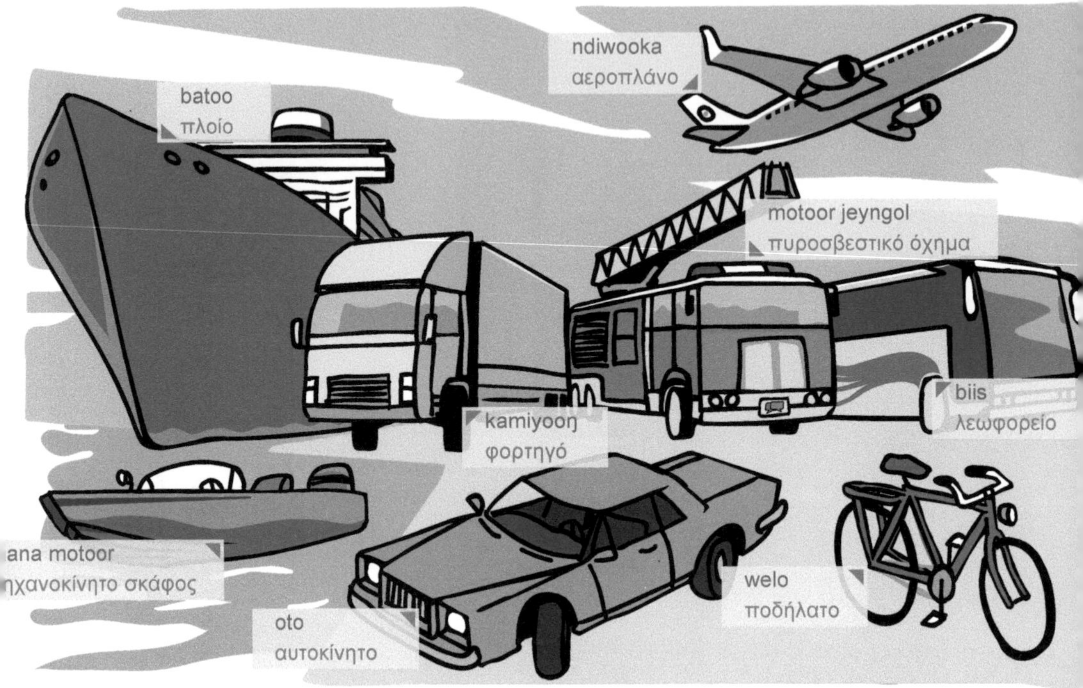

baak

φεριμπότ

laana

βάρκα

welo motoor

μοτοσικλέτα

oto poliis

περιπολικό

oto dandu

αγωνιστικό αυτοκίνητο

otoluwaaɗo

ενοικιαζόμενο αυτοκίνητο

rendude oto

διαμοιρασμός αυτοκινήτων

leŋge

γερανός

kamiyooŋ salo

απορριμματοφόρο

moto

κινητήρας

gaas

καύσιμο

esaaseer

βενζινάδικο

maantorde tali

πινακίδα σήμανσης

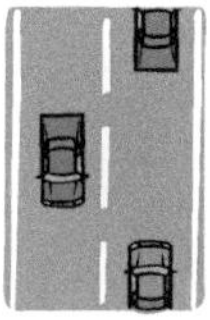

tali

κυκλοφορία

ɓittugol tali

κυκλοφοριακή συμφόρηση

darnirde oto

χώρος στάθμευσης

dartorde teree

σιδηροδρομικός σταθμός

laabi

σιδηροδρομικές γραμμές

teree

τρένο

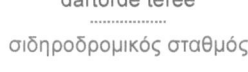

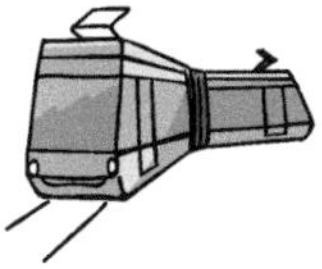

taraam

τραμ

nawgol

βαγόνι

elikooteer

ελικόπτερο

aydapoor

αεροδρόμιο

huɓeere

πύργος

jahoowo

επιβάτης

kontaneer

εμπορευματοκιβώτιο

kees

χαρτοκιβώτιο

saret

καρότσι

siwo

καλάθι

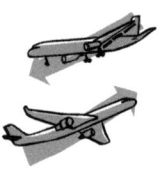

diw / tello

απογειώνομαι /
προσγειόνομαι

wuro

πόλη

saare

χωριό

hakkunde wuro

κέντρο της πόλης

galle

σπίτι

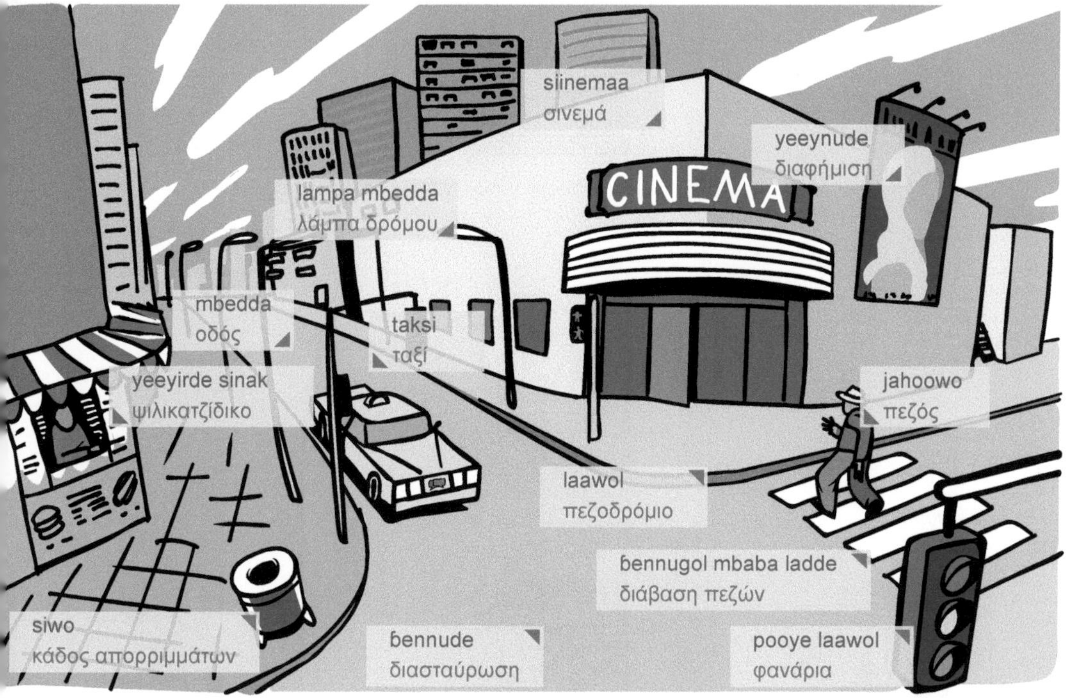

tiba
καλύβα

hoɗorde
διαμέρισμα

dartorde teree
σιδηροδρομικός σταθμός

meeri
δημαρχείο

miise
μουσείο

duɗal
σχολείο

jaaɓi haatirde

πανεπιστήμιο

baŋke

τράπεζα

safrirdu

νοσοκομείο

otel

ξενοδοχείο

farmasii

φαρμακείο

gollorde

γραφείο

yeeyirde defte

βιβλιοπωλείο

yeeyirde

κατάστημα

mo nehoowo leɗɗe

ανθοπωλείο

duggere

σούπερ μάρκετ

jeere

αγορά

yeeyirde diiwaan

πολυκατάστημα

mo gawoowo

ιχθυοπωλείο

nokku njeeygu

εμπορικό κέντρο

telloorde

λιμάνι

parka

πάρκο

jooɗorde

παγκάκι

pooŋ

γέφυρα

ŋabbirɗe

σκάλες

les leydi

μετρό

laawol les

τούνελ

dartorde biis

στάση λεωφορείου

baar

μπαρ

restoraaŋ

εστιατόριο

suudu posto

γραμματοκιβώτιο

maantorde mbedda

πινακίδα δρόμου

meetorde parka

παρκόμετρο

nehirde kulle

ζωολογικός κήπος

pisiin

πισίνα

jumaa

τζαμί

ngesa

αγρόκτημα

bonande

ρύπανση

genaale

νεκροταφείο

ekiliis

εκκλησία

dingiral

παιδική χαρά

tempele

ναός

satto

τοπίο

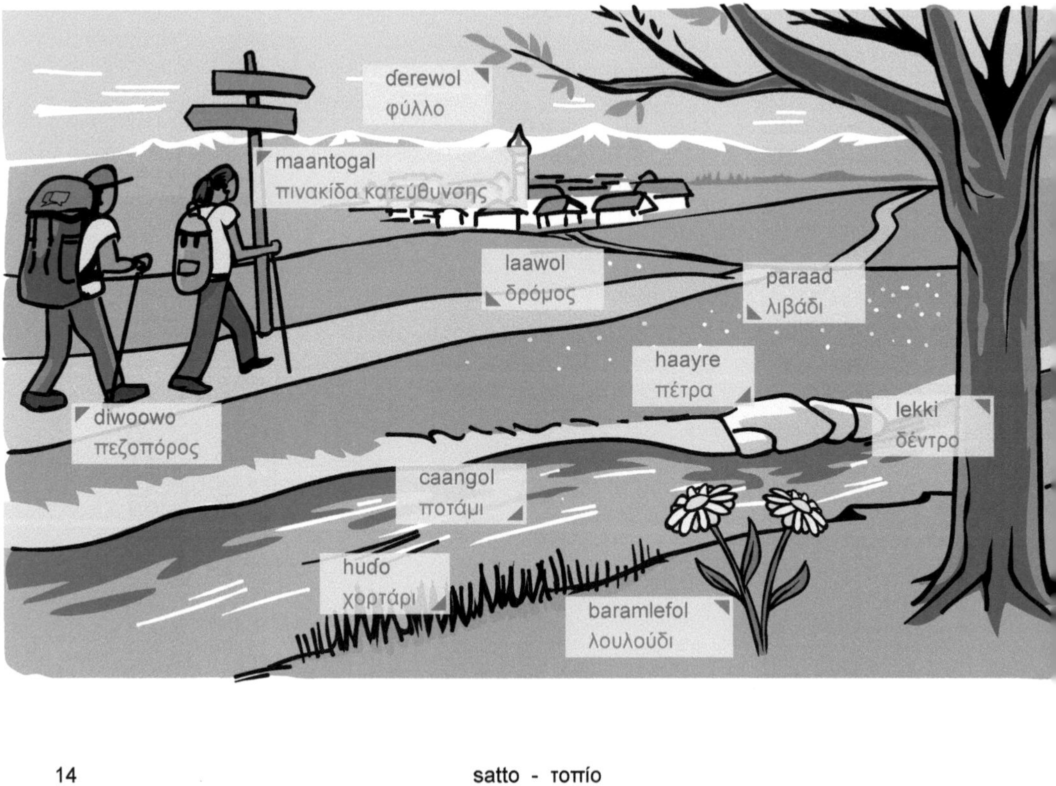

đerewol
φύλλο

maantogal
πινακίδα κατεύθυνσης

laawol
δρόμος

paraad
λιβάδι

haayre
πέτρα

diwoowo
πεζοπόρος

lekki
δέντρο

caangol
ποτάμι

huđo
χορτάρι

baramlefol
λουλούδι

fongo
κοιλάδα

tiwaande
λόφος

weendu
λίμνη

dundu
δάσος

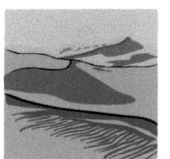

ladde
έρημος

wolkaaŋ
ηφαίστειο

hoɗorde
κάστρο

timtimol
ουράνιο τόξο

wiiduru gaynaako
μανιτάρι

lekki koko
φοίνικας

ɓongu
κουνούπι

diw
μύγα

ñuuñu
μυρμήγκι

ñaaku
μέλισσα

njabala
αράχνη

karaab

σκαθάρι

paaɓa

βάτραχος

jiire

σκίουρος

nguru paaɓa

σκαντζόχοιρος

wojere

λαγός

hooweere

κουκουβάγια

ndiwri

πουλί

kankaleewal

κύκνος

fowru

αγριογούρουνο

lella

ελάφι

kooba

άλκη

baaraas

φράγμα

seɗa hendu

ανεμογεννήτρια

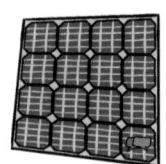

mbeɗu naange

ηλιακός συλλέκτης

kilimaaŋ

κλίμα

restoraaŋ
εστιατόριο

carwoowo
σερβιτόρος
ndefu
κατάλογος
joodorde
καρέκλα
suppu
σούπα
pissaa
πίτσα
wutayel
μαχαιροπίρουνα
nappu
τραπεζομάντιλο

puddordo

ορεκτικό

barme mawdo

κύριο πιάτο

deseer

επιδόρπιο

njarameeje

ποτά

ñamri

φαγητό

bitel

μπουκάλι

fastfuut

φαστ φουντ

ñaamde mbedda

φαγητό στ' όρθιο

pot ataaya

τσαγιέρα

taasa suukara

δοχείο ζάχαρης

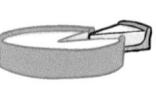

geɗal

μερίδα

masiŋ esperesoo

μηχανή εσπρέσο

jooɗorde toownde

ψηλή καρέκλα

faktiir

λογαριασμός

terey

δίσκος

paaka

μαχαίρι

fursett

πιρούνι

kuddu

κουτάλι

kuddu ataaya

κουταλάκι του τσαγιού

torsooŋ

πετσέτα φαγητού

weer

ποτήρι

palaat

πιάτο

palaat suppu

πιάτο σούπας

coosoowo

πιατάκι φλιτζανιού

soos

σάλτσα

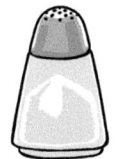

pot lamɗam

αλατιέρα

poobaar

μύλος για πιπέρι

wineegar

ξύδι

diwliin

λάδι

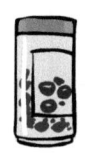

kaaniije

μπαχαρικά

ketsoop

κέτσαπ

mutaarde

μουστάρδα

maynees

μαγιονέζα

duggere

σούπερ μάρκετ

dokkal teentungal
προσφορά
coodoowo
πελάτης
deftel
γαλακτοκομικά προϊόντα
ɓingel leggal
φρούτα
saret
καρότσι για ψώνια
FOR

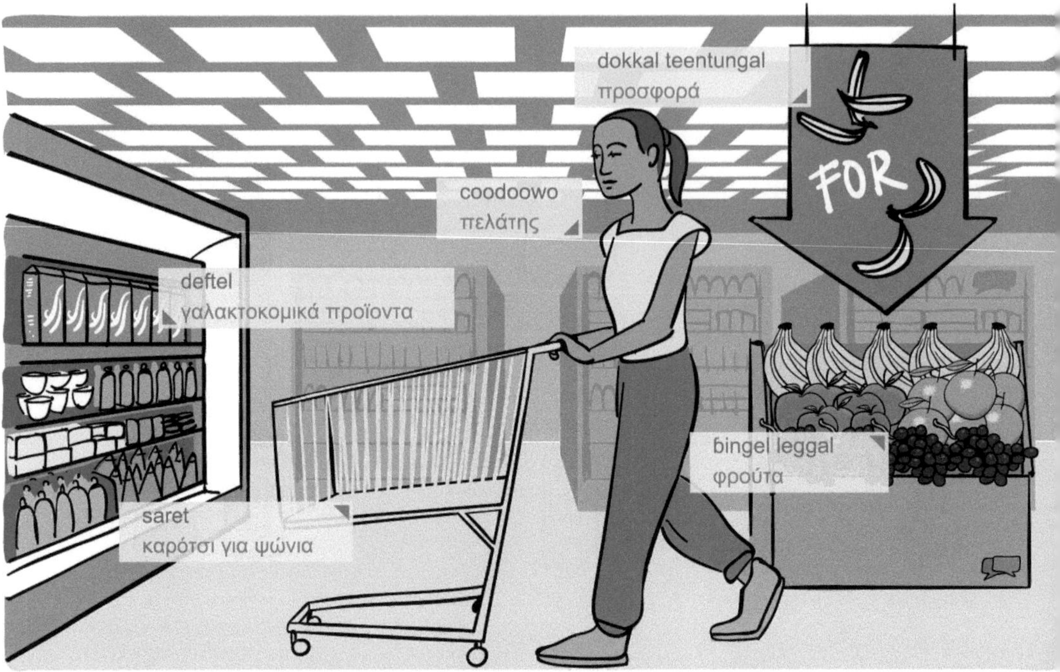

mo jeeyoowo teewu

κρεοπωλείο

mo piyoowo mburu

φούρνος

ɓett

ζυγίζω

ɓiɓe leɗɗe

λαχανικά

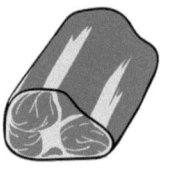

teewu

κρέας

ñamri fendiindi

κατεψυγμένα τρόφιμα

teewu ɓuuɓngu

αλλαντικά

ñamri

κονσερβοποιημένη τροφή

omo

απορρυπαντικό ρούχων

tangaleeji

γλυκά

geɗe galle

οικιακά είδη

geɗe laɓɓinooje

καθαριστικά προϊόντα

jeeyoowo

πωλήτρια

hippoode

ταμείο

ngaluyanke

ταμίας

limo soodetee

λίστα για ψώνια

waktuuji gudditeeɗi

ωράριο λειτουργίας

kalbe

πορτοφόλι

kartal keredii

πιστωτική κάρτα

saak

τσάντα

saak dalli

πλαστική σακούλα

njarameeje
ποτά

ndiyam

νερό

sii

χυμός

kosam

γάλα

Koowk

κόκα κόλα

sangara

κρασί

sangara

μπίρα

alkol

αλκοόλ

koka

κακάο

ataaya

τσάι

kafe

καφές

esperesoo

εσπρέσο

kaputsiino

καπουτσίνο

banaana

μπανάνα

pomere

μήλο

oraaŋs

πορτοκάλι

dende

πεπόνι

limoŋ

λεμόνι

karott

καρότο

laac

σκόρδο

bambuu

μπαμπού

soblere

κρεμμύδι

wiiduru gaynako

μανιτάρι

gerte

ξηροί καρποί

kodde

νουντλς

espaketii

μακαρόνια

maaro

ρύζι

solaat

σαλάτα

sipse

πατατάκια

padaas pasnaaɗo

τηγανητές πατάτες

pissaa

πίτσα

amburgoor

χάμπουργκερ

sandiis

σάντουιτς

tayre

κοτολέτα

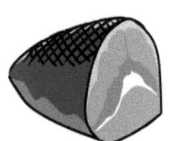

heltinde

ζαμπόν

salaami

σαλάμι

soosiis

λουκάνικο

gertogal

κοτόπουλο

juɗe

ψητό

liingu

ψάρι

karaw

χυλός βρώμης

miyesli

μούσλι

butaali makka

κορν φλέικς

cafka

αλεύρι

koraasaŋ

κρουασάν

loocol mburu

ψωμάκι

mburu

ψωμί

mburu

τοστ

mbiskit

μπισκότα

boor

βούτυρο

caakri

τυρόπηγμα

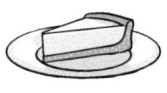

ngato

κέικ

boofoode

αυγό

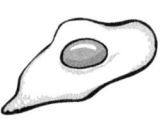

bofoode defaaɗo

τηγανητό αυγό

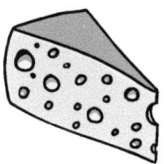

formaas

τυρί

kerem galaas

παγωτό

suukara

ζάχαρη

njuumri

μέλι

piire

μαρμελάδα

soosde sokola

άλλειμμα σοκολάτας

kiri

κάρυ

ngesa

αγρόσπιτο
huɗo
αχυρώνας
sufirdu
δεμάτι άχυρου
boowal
χωράφι
puccu
αλόγο
pooɗoowo
ρυμουλκούμενο
masiŋ ndema
τρακτέρ
fuuwal
πουλάρι
mbabba
γάιδαρος
njawdi
πρόβατο
mbortu
αρνί

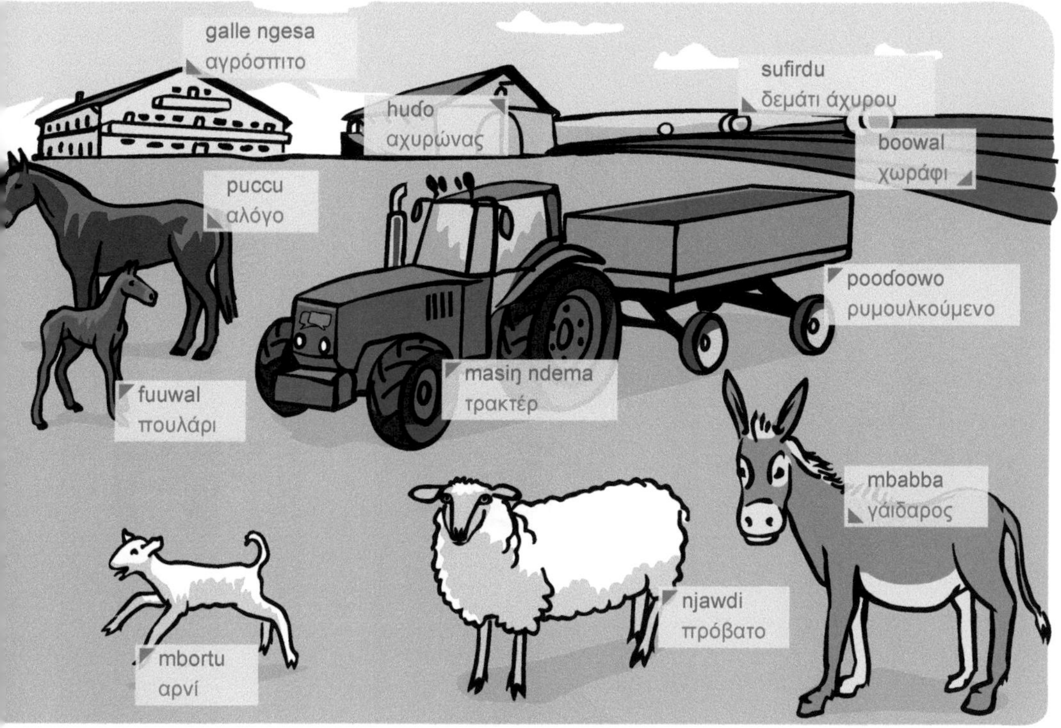

ndamndi
κατσίκα

ngaari
αγελάδα

ñale
μοσχαράκι

mbaba tugal
γουρούνι

ɓingel tugal
γουρουνάκι

ngaari
ταύρος

jaawalal

χήνα

jaawangal

πάπια

gertogal

κοτοπουλάκι

jarlal

κότα

ngori

κόκορας

doombru

αρουραίος

ulluundu

γάτα

dombru

ποντίκι

ngaari

βόδι

rawaandu

σκύλος

suudu rawaandu

σπιτάκι σκύλου

lekki werte

λάστιχο κήπου

bitel ndiyam

ποτιστήρι

jalo

θεριστήρι

jabbude

αλέτρι

wafdu

δρεπάνι

caga

τσάπα

furset yettirɗo

δίκρανο

jambere

τσεκούρι

burwett

χειράμαξα

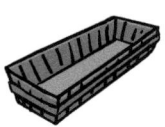

jardugal

ταΐστρα

bitel kosam

δοχείο γάλακτος

bonnude

σάκος

heerorde

φράχτης

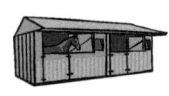

dari

στάβλος

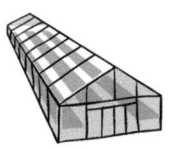

resofmaaŋ

θερμοκήπιο

leydi

έδαφος

aawdi

σπόρος

engere

λίπασμα

rendin coñoowo

θεριζοαλωνιστική μηχανή

soñ

θερίζω

coñal

συγκομιδή

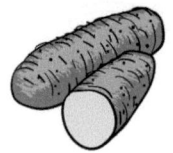

ñambi

γιαμς

ndiyamiri

σιτάρι

soozaa

σόγια

padaas

πατάτα

makka

καλαμπόκι

aawdi adan

κράμβη

lekki ɓesnooki

οπωροφόρο δέντρο

kasaawa

μανιόκα

gawri

δημητριακά

galle
σπίτι

semineey
καμινάδα
mbildi
στέγη
wuddere nawirde
υδρορροή
falanteere
παράθυρο
gaaraas
γκαράζ
noddirgel dama
κουδούνι
damal
πόρτα
siwu mbalis
σκουπιδοτενεκές
suudu ɓataake
γραμματοκιβώτιο
sardiŋe
κήπος

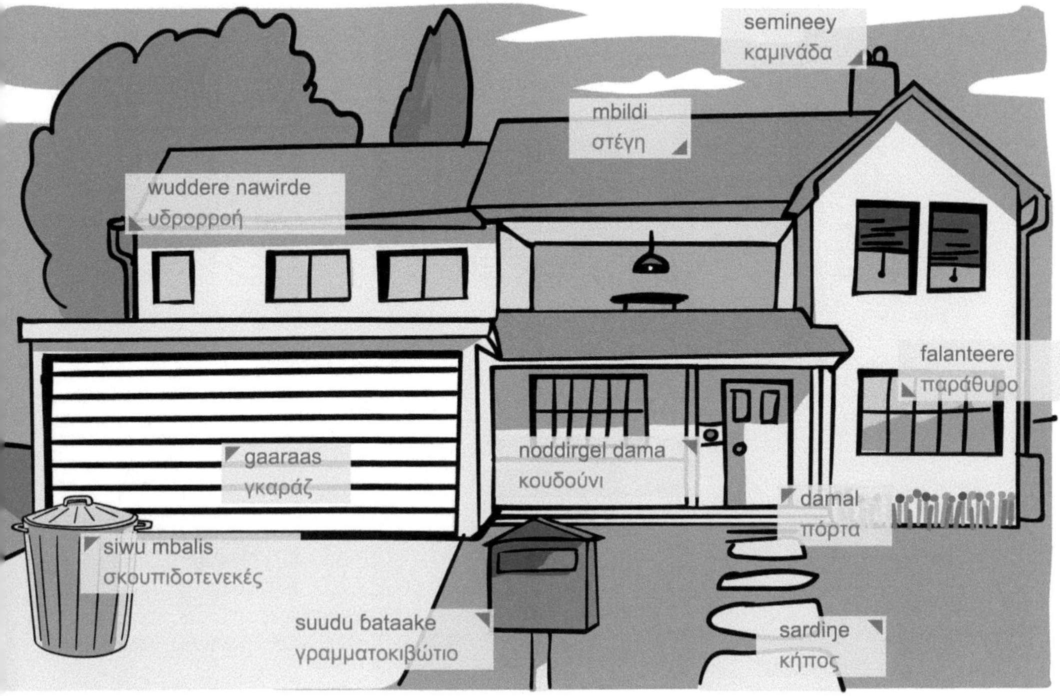

saal

σαλόνι

lootorde

μπάνιο

waañ

κουζίνα

suudu lelteendu

υπνοδωμάτιο

suudu suka

παιδικό δωμάτιο

suudu hirtordu

τραπεζαρία

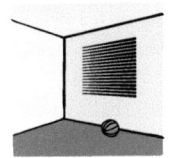

leydi

πάτωμα

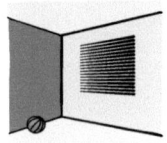

miir

τοίχος

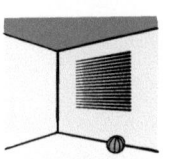

dira

οροφή

masiŋel

κελάρι

soona

σάουνα

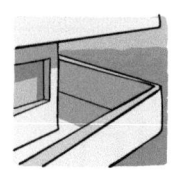

balkooŋ

μπαλκόνι

teeraas

βεράντα

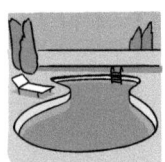

pisin

πισίνα

tondoos

μηχανή του γκαζόν

kaayit

σεντόνι

mbertanteeri

κάλυμμα κρεβατιού

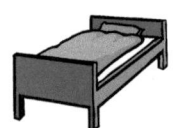

lelnde

κρεβάτι

pittirɗe

σκούπα

siwoo

κουβάς

waylu

διακόπτης

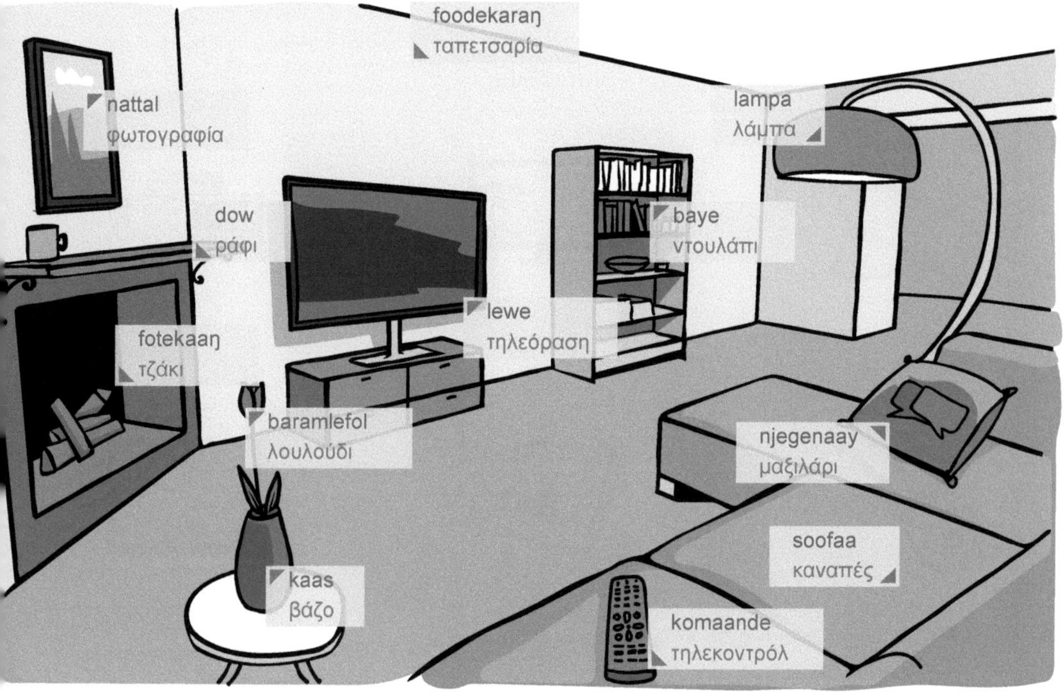

foodekaraŋ
ταπετσαρία
nattal
φωτογραφία
lampa
λάμπα
dow
ράφι
baye
ντουλάπι
lewe
τηλεόραση
fotekaaŋ
τζάκι
baramlefol
λουλούδι
njegenaay
μαξιλάρι
soofaa
καναπές
kaas
βάζο
komaande
τηλεκοντρόλ

tappi
χαλί

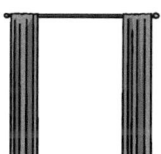

rido
κουρτίνα

taabal
τραπέζι

jooɗorde
καρέκλα

jooɗorde timmunde
κουνιστή πολυθρόνα

tuggorde
πολυθρόνα

deftere

βιβλίο

suddaare

κουβέρτα

cinki

διακόσμηση

docotal

καυσόξυλα

filmo

ταινία

kuutorɗe hi-fi

στερεοφωνικό σύστημα

caabi

κλειδί

jaaynde

εφημερίδα

pentiirde

πίνακας ζωγραφικής

posteer

αφίσα

haalirde

ραδιόφωνο

deftel mooftirgel

σημειωματάριο

ŋabbude

ηλεκτρική σκούπα

siwo lekki

κάκτος

sondel

κερί

waañ
κουζίνα

firigo
ψυγείο
defirdu mikoronde
φούρνος μικροκυμάτων
bacce waañ
ζυγαριά κουζίνας
baɗoowo towste
τοστιέρα
labbinoowo
απορρυπαντικό
waañ
φούρνος
ɓuuɓnirde
κατάψυξη
siwu mbalis
σκουπιδοτενεκές
lawÿoowo kaake
πλυντήριο πιάτων

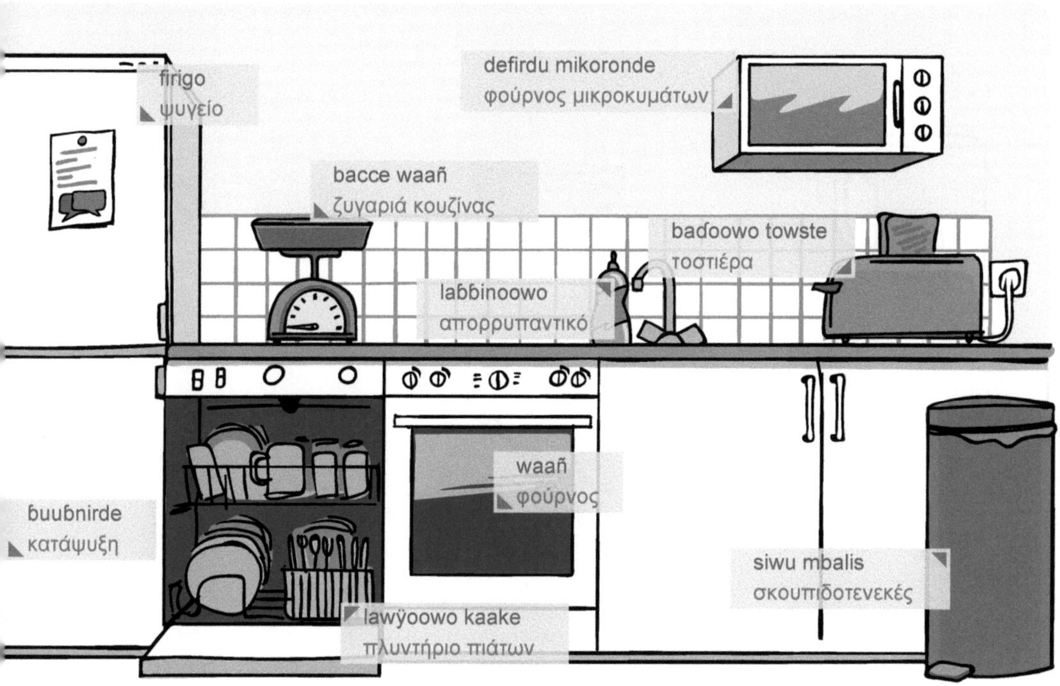

defoowo

κουζίνα

pot

κατσαρόλα

pot baɗɗo njamdi

μαντεμένια κατσαρόλα

lehel

γουόκ/καντάι

lahal

τηγάνι

baraade

βραστήρας

waañ - κουζίνα 35

gulnoowo

ατμομάγειρας

fuur cumirɗo

ταψί

wiisirde

πιατικά

kaas

κούπα

taasa

μπολ

bakett

ξυλάκια

heɗirde

κουτάλα

kuundal

σπάτουλα

burgal

ανακατεύω

gulnirɗo

σουρωτήρι

pool

σουρωτηράκι

koosoowo

τρίφτης

wowru

γουδί

njuɗu

ψησταριά

lewlewndu

ανοιχτή φωτιά

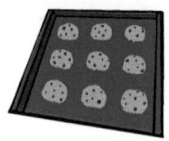

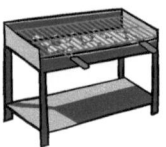

alluwal tayirgal

σανίδα κοπής

dullirgal

πλάστης

tenaay

ανοιχτήρι φελλών

potyel

κονσέρβα

udditirɗo potyel

ανοιχτήρι κονσέρβας

jaggoowo pot

γάντι φούρνου

lawÿirde

νεροχύτης

borisde

βούρτσα

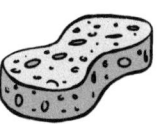

epoos

σφουγγάρι

jiiɓoowo

μπλέντερ

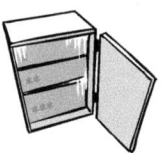

firigo juutɗo

καταψύκτης

bitel tiggu

μπιμπερό

robine

βρύση

lootorde

μπάνιο

wulnude
θέρμανση
sarbet
πετσέτα
ɓuftogol
ντους
rido ɓuftorde
κουρτίνα ντουζ
sumbu lootorɗo
αφρόλουτρο
nokku lootorɗo
μπανιέρα
weer
ποτήρι
masiŋ guppirɗo
πλυντήριο ρούχων
robine
βρύση
biifi
πλακάκια
woppirde
γιογιό
lawƴirde
νεροχύτης

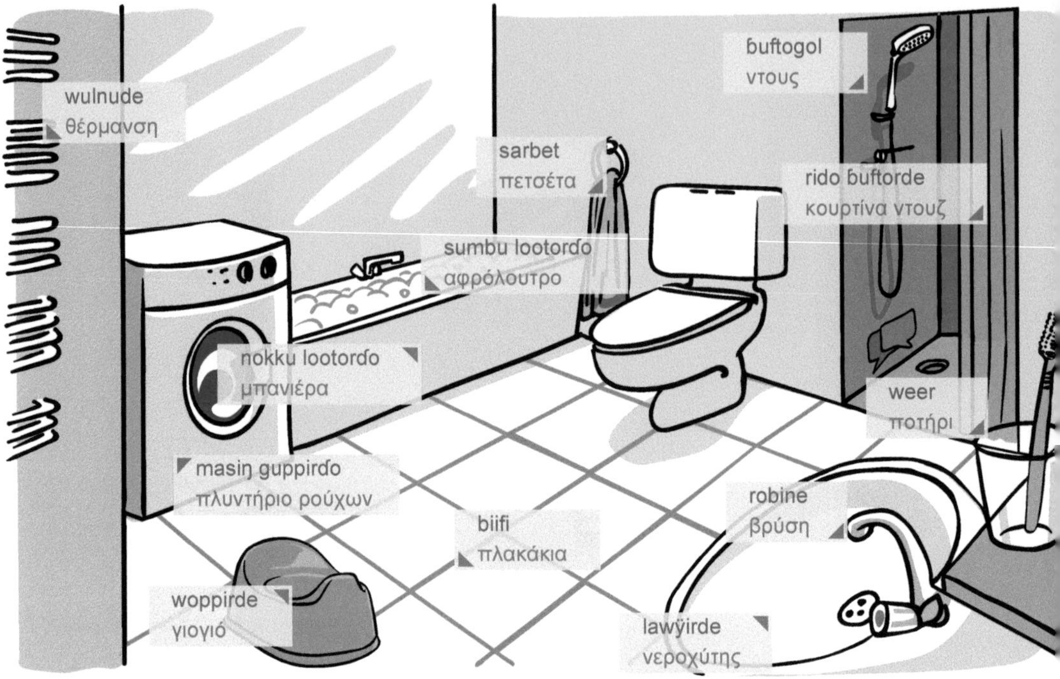

heblorde
τουαλέτα

yaltirde les
τούρκικη τουαλέτα

yaltirde
μπιντές

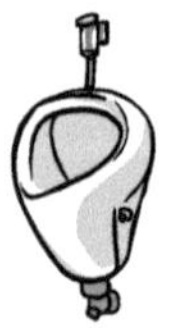

soofirde
ουρητήριο

kaayit heblorde
χαρτί υγείας

boros heblorde
πιγκάλ

38 lootorde - μπάνιο

boros ñiiÿe

οδοντόβουρτσα

pat cocorɗo

οδοντόκρεμα

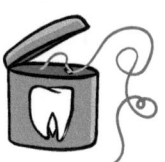

cocorgal

οδοντικό νήμα

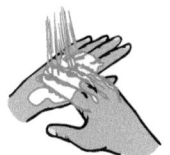

lawyu

πλένω

ɓuftorde jungo

τηλέφωνο ντους

jampe

ντουσιέρα

taasa

λεκάνη

boros keeci

βούρτσα πλάτης

saabunde

σαπούνι

nebam ɓuftorde

αφρόλουτρο

sampoye

σαμπουάν

lootogel

φανέλα

yupude

σιφόνι

mileen

κρέμα

lati

αποσμητικό

daarogal

καθρέφτης

daarogal jungo

καθρέφτης χειρός

rasuwaar

ξυραφάκι

sumbu pemborɗo

αφρός ξυρίσματος

lallitirde

αφτερσέιβ

koomu

χτένα

boros

βούρτσα

yoorno hoore

σεσουάρ

uurna hoore

λακ

makiyaas

μακιγιάζ

lippo

κραγιόν

emaaye segene

βερνίκι νυχιών

wiro

βαμβάκι

sisooje segene

ψαλίδι νυχιών

parfooŋ

άρωμα

saawdu lawyirdu

νεσεσέρ

kuudi

σκαμπό

bacce ɓetirde

ζυγαριά

wutte lootorɗo

μπουρνούζι

kawaseeje dalli

ελαστικά γάντια

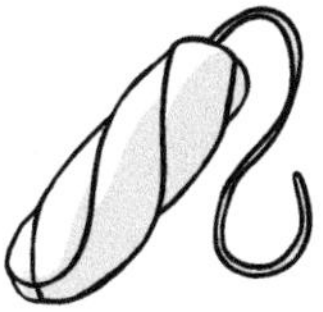

tampooŋ

ταμπόν

sarbet labbinoorɗo

πετσέτα υγιεινής

lootogol cellungol

χημική τουαλέτα

suudu suka
παιδικό δωμάτιο

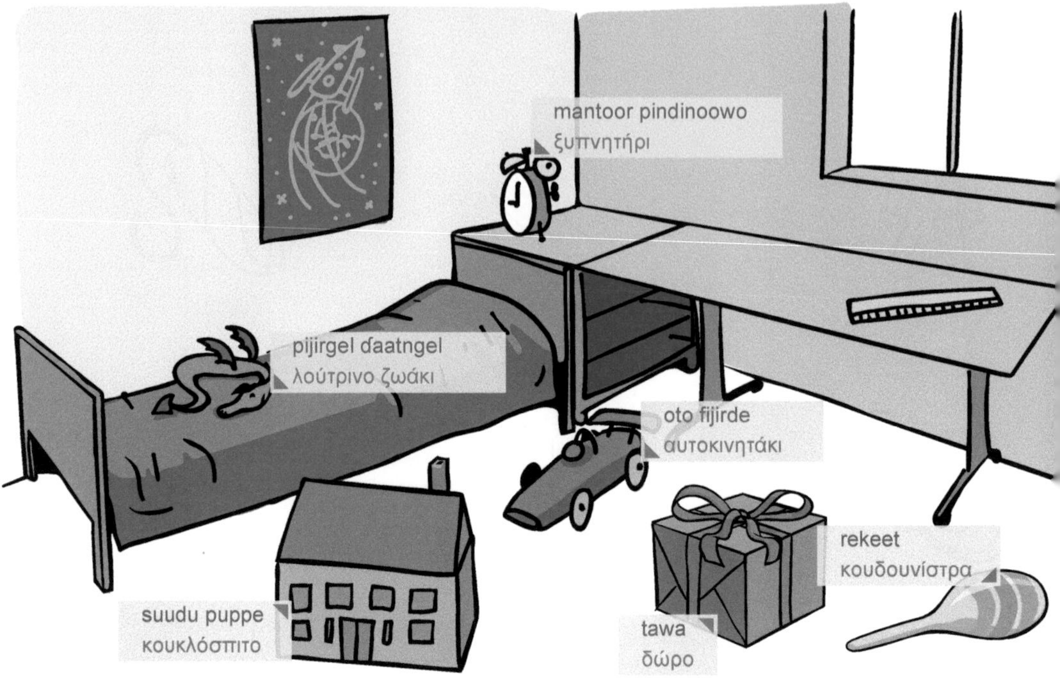

mantoor pindinoowo
ξυπνητήρι
pijirgel ɗaatngel
λούτρινο ζωάκι
oto fijirde
αυτοκινητάκι
rekeet
κουδουνίστρα

baloon̩

μπαλόνι

lelnde

κρεβάτι

puus puus

καροτσάκι

taabal karte

τράπουλα

juwirgal

παζλ

jalnii

κόμικς

tuufeeje lego

τουβλάκια lego

kaaÿe maadi

τουβλάκια κατασκευών

pijirgel suka

φιγούρα δράσης

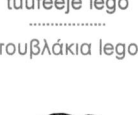

wutte suka

βρεφικό φορμάκι

mbiifu

φρίσμπι

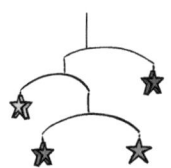

noddirgel

μόμπιλο

fijirde alluwal

επιτραπέζιο παιχνίδι

dee

ζάρια

tereŋ jahiroowo batiri

σετ τρενάκι

ɗaayɗo

πιπίλα

hiirde

πάρτι

deftere natte

εικονογραφημένο βιβλίο

bal

μπάλα

puppe

κούκλα

fij

παίζω

ngaska leydi

σκάμμα με άμμο

yirlude

κούνια

pijirɗe

παιχνίδια

fijirde widoo peley

κονσόλα βιντεοπαιχνιδιών

biifi tati

τρίκυκλο

uluundu pijirgel

αρκουδάκι

woliis

ντουλάπα

ɓoornogol
ρούχα

kawaseeje

κάλτσες

baardinirɗi

καλτσοδέτες

dogirɗi

καλσόν

muurnorde κασκόλ
paraseewal ομπρέλα
dadorde ζώνη
tiset μπλουζάκι
bataaje μπότες
paɗe jooɗorɗe παντόφλες
dogirɗe αθλητικά παπούτσια

caraax

σανδάλια

paɗe

παπούτσια

bataaje dalli

γαλότσες

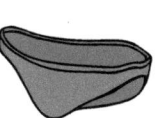

cakkirɗi

εσώρουχο

site ŋoos

σουτιέν

weste

φανέλα

ɓandu

σώμα

tuuba

παντελόνι

jiin

τζιν παντελόνι

sippu

φούστα

buluus

μπλούζα

wuttel

πουκάμισο

piliweer

πουλόβερ

njallaaba

πουλόβερ

balaseer suka

σακάκι

jakett

μπουφάν

sabandoor

παλτό

wutte toɓo

αδιάβροχο πανωφόρι

kossim

κοστούμι

robbo

φόρεμα

wutte cuddungu

νυφικό

cakkirɗo

κοστούμι

robbo baalduɗo

νυχτικό

baaluɗi

πιτζάμες

sari

σάρι

fiilorde

μαντήλι

kaala

τουρμπάνι

misoor

μπούρκα

haftan

καφτάνι

abaaye

μουσουλμανικό ένδυμα

lumborɗo

ολόσωμο μαγιό

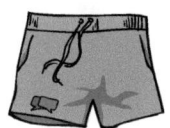

leɗɗe

ανδρικό μαγιό

kilooti

σορτς

dewirɗi

αθλητική φόρμα

aparooŋ

ποδιά

kawase

γάντια

nebbu

κουμπί

lone

γυαλιά

jawo

βραχιόλι

cakka

περιδέραιο

feggere

δαχτυλίδι

hootonde

σκουλαρίκι

laafa

καπέλο

jaggirgal sabandoor

κρεμάστρα

kufna

καπέλο

karwaat

γραβάτα

korsude

φερμουάρ

tengaade

κράνος

jawe

τιράντες

wutte jaŋirɗo

μαθητική στολή

dadorɗo

στολή

nappu suka

σαλιάρα

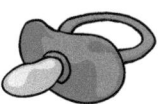

ɗaayɗo

πιπίλα

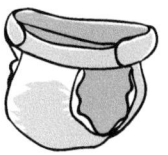

fooftini

πάνα

gollorde
γραφείο

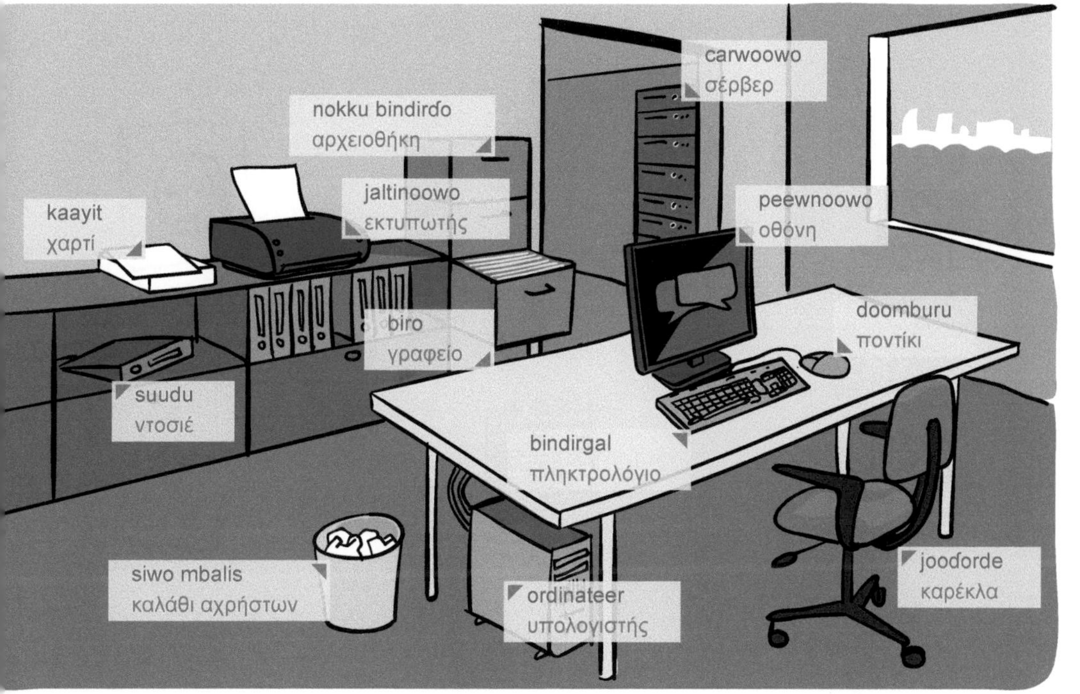

carwoowo
σέρβερ
nokku bindirɗo
αρχειοθήκη
kaayit
χαρτί
jaltinoowo
εκτυπωτής
peewnoowo
οθόνη
doomburu
ποντίκι
biro
γραφείο
suudu
ντοσιέ
bindirgal
πληκτρολόγιο
siwo mbalis
καλάθι αχρήστων
ordinateer
υπολογιστής
jooɗorde
καρέκλα

koppu kafe

κούπα του καφέ

tongirde

κομπιουτεράκι

enternet

ίντερνετ

ordinateer
....
λάπτοπ

ɓataake kaayit
....
γράμμα

ɓataake
....
μήνυμα

noddirgel
....
κινητό

jokkondiral
....
δίκτυο

nandinoowo
....
φωτοτυπικό μηχάνημα

kuutorgel
....
λογισμικό

noddirgel
....
τηλέφωνο

piriis
....
πρίζα

masiŋ faksii
....
συσκευή φαξ

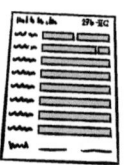

sifaa
....
έντυπο

kaayit
....
έγγραφο

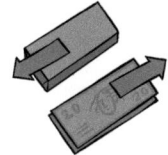

sood

αγοράζω

yoɓ

πληρώνω

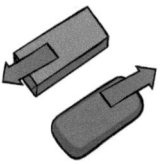

yeey

συναλλάσσομαι

kaalis

χρήματα

dolaar

δολάριο

oro

ευρώ

yeen

γιεν

ruubal

ρούβλι

siiwis farayse

ελβετικό φράγκο

yuwaan renminbi

ρενμίνμπι γιουάν

ruppii

ρουπία

nokku ngalu

ATM (αυτόματη ταμειακή μηχανή)

nokku beccirɗo

ανταλλακτήρια συναλλάγματος

kaŋe

χρυσός

kaalis

ασήμι

peteroŋ

πετρέλαιο

doole

ενέργεια

coggu

τιμή

jokkondiral

συμβόλαιο

lempo

φόρος

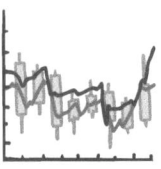

jeyii

μετοχή

liggo

δουλεύω

liggotooɗo

υπάλληλος

ligginoowo

εργοδότης

isin

εργοστάσιο

yeeyirde

κατάστημα

golle
επαγγέλματα

kaɓoowo jeyngol
πυροσβέστης
alkaati
αστυνόμος
defoowo
μάγειρας
cafroowo
γιατρός
dognoo ndiwooka
πιλότος

mooftoowo

κηπουρός

meniise

ξυλουργός

gawoowo debbo

μοδίστρα

ñaawoowo

δικαστής

simiyanke

χημικός

aktoor

ηθοποιός

diirnoowo biis

οδηγός λεωφορείου

diirnoowo taksi

ταξιτζής

gawoowo

ψαράς

debbo pittoowo

καθαρίστρια

biloowo

τεχνίτης στεγών

carwoowo

σερβιτόρος

baañoowo

κυνηγός

diidoowo

ζωγράφος

piyoo mburu

αρτοποιός

peewnoo jeyngol

ηλεκτρολόγος

mahoowo

οικοδόμος

eseñoor

μηχανολόγος

buusee

κρεοπώλης

polombiyee

υδραυλικός

neɗɗo posto

ταχυδρόμος

soldaat

στρατιώτης

arsitekte

αρχιτέκτονας

ngaluyanke

ταμίας

leɗɗeyanke

ανθοπώλης

mooroowo

κομμωτής

diirnoowo

ελεγκτής εισιτηρίων

peenoowo jamɗe

μηχανικός

gardiiɗo

καπετάνιος

safroowo ñiiŷe

οδοντίατρος

gando

επιστήμονας

babbiin

ραβίνος

almaami

ιμάμης

muwaan

μοναχός

neɗɗo alla

ιερέας

kuutorɗe
εργαλεία

kofooje
πένσα
maartoo
σφυρί
tuurnawiis
κατσαβίδι
torsoo
φακός
tayoowo
Γαλλικό κλειδί

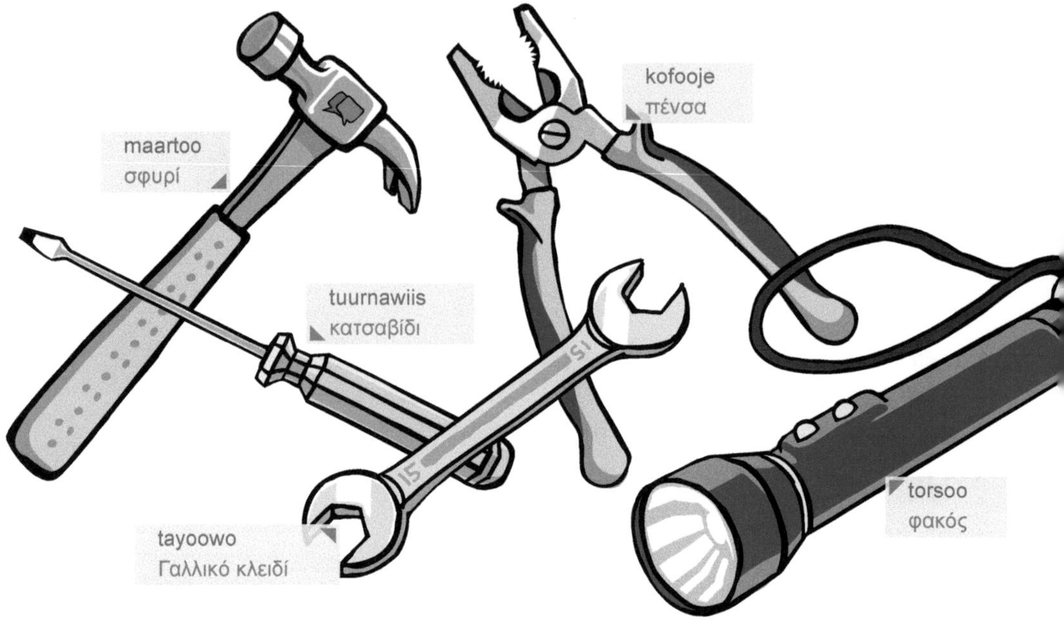

ngasirdi
εκσκαφέας

suudu kuutorɗe
εργαλειοθήκη

seel
σκάλα

siiy
πριόνι

pontooje
καρφιά

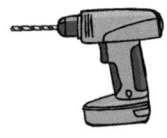

yuwirde
τρυπάνι

feewnit

επισκευάζω

nokkirde

φτυάρι

sooot

Να πάρει!

peel

φαράσι

pot diidirɗo

δοχείο χρωμάτων

wiisuuji

βίδες

pijirɗe

μουσικά όργανα

nikoro
μεγάφωνο
buuba
ντραμς
gitaar
κιθάρα
dubal baas
κοντραμπάσο
allaadu
τρομπέτα

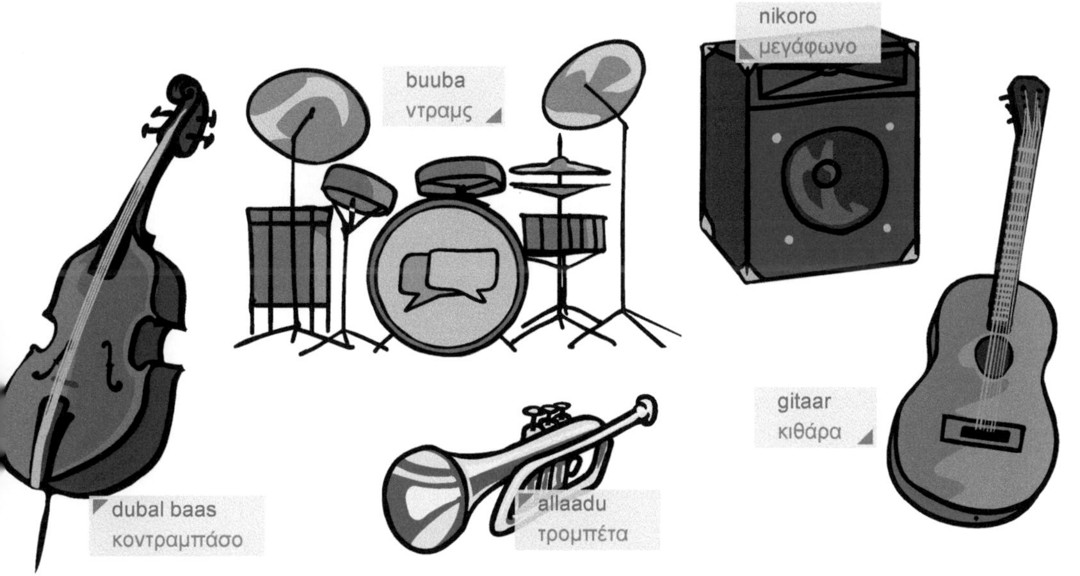

piyaano

πιάνο

ñaañooru

βιολί

baas

μπάσο

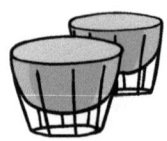

timpaan

τύμπανα

bawɗi

τύμπανο

bindirgal

πλήκτρα

saksofooŋ

σαξόφωνο

coolumbel

φλάουτο

haaldude

μικρόφωνο

nehirde kulle

ζωολογικός κήπος

naatirde
είσοδος
cewngu
τίγρης
sabbunde
κλουβί
mbabba ladde
ζέβρα

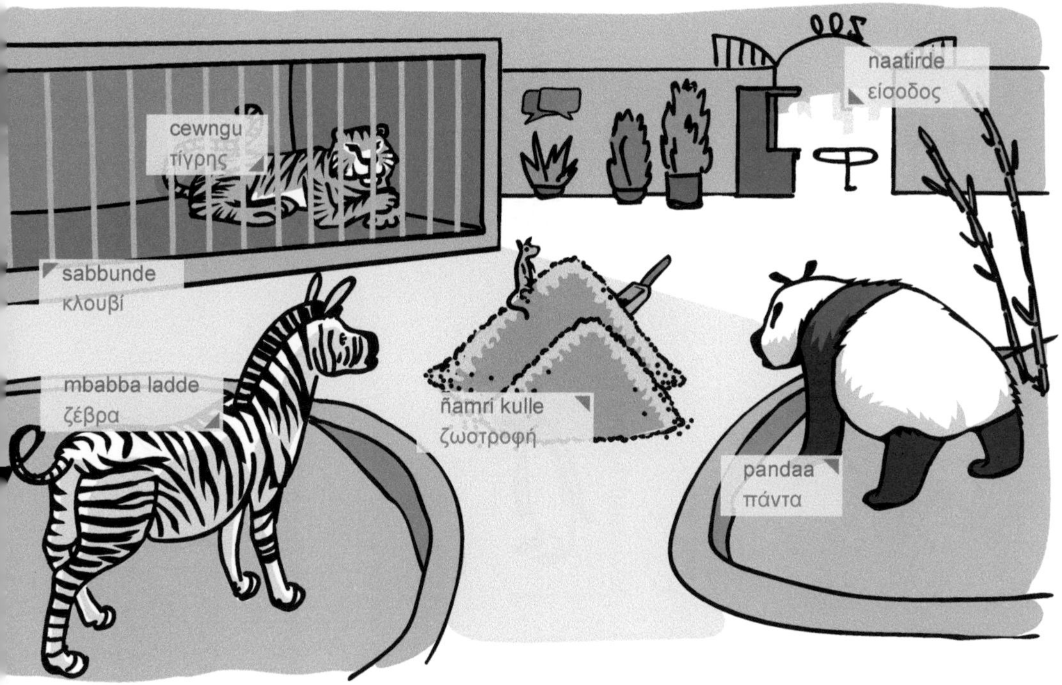

kulle

ζώα

ñiiwa

ελέφαντας

kanguruu

καγκουρό

liwoongu

ρινόκερος

waandu

γορίλας

fowru

αρκούδα

ngelooba

καμήλα

jaawagal

στρουθοκάμηλος

mbaroodi

λιοντάρι

golo

πίθηκος

ñaarpural

φλαμίνγκο

seku

παπαγάλος

fowru nees

πολική αρκούδα

peŋwee

πιγκουίνος

reke

καρχαρίας

ngoriyal

παγώνι

mboddi

φίδι

nooro

κροκόδειλος

deenoowo kulle

φύλακας ζωολογικού κήπου

liingu

φώκια

cewngu

τζάγκουαρ

molel puccu

πόνυ

cewlu

λεοπάρδαλη

ngabu

ιπποπόταμος

ñamala

καμηλοπάρδαλη

ciilal

αετός

fowru

αγριογούρουνο

liingu

ψάρι

heende

χελώνα

morsee

θαλάσσιος ίππος

daga

αλεπού

lella

γαζέλα

cofte ɓalli

αθλήματα

fugu koyngel Amarik
Αμερικάνικο ποδόσφαιρο
welo
ποδηλασία
teniis
αντισφαίριση
basket
μπάσκετ
lumbaade
κολύμβηση
bokse
okey e galaas
χόκεϋ επί πάγου

fugu koyngel

ποδόσφαιρο

badminton

μπάντμιντον

dogduuji

στίβος

fugu jungo

χάντμπολ

eskiiy

σκι

polo

πόλο

jal
γελάω
diw
πηδάω
uurno
αγκαλιάζω
yah
περπατάω
yim
τραγουδάω
ονειρεύομαι
juul
προσεύχομαι
ɓuuco
φιλάω

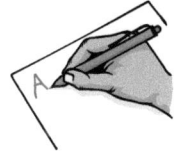

windu
γράφω

diid
σχεδιάζω

hollu
δείχνω

duñ
πιέζω

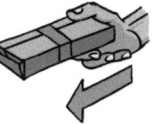

rokku
δίνω

naw
παίρνω

jogo

έχω

waɗ

κάνω

won

είμαι

daro

στέκομαι

dog

τρέχω

ittu

τραβάω

weddo

ρίχνω

yan

πέφτω

fen

ξαπλώνω

fad

περιμένω

naw

κουβαλώ

jooɗo

κάθομαι

ɓoorno

φοράω

ɗaano

κοιμάμαι

finn

ξυπνάω

ndaar

κοιτάω

woy

κλαίω

fiiy

χαϊδεύω

koomu

χτενίζω

haal

μιλάω

faam

καταλαβαίνω

naamdo

ρωτάω

hetto

ακούω

yar

πίνω

ñaam

τρώω

haɓɓu

συγυρίζω

yiɗ

αγαπάω

def

μαγειρεύω

diirnu

οδηγώ

diw

πετάω

awyu

κάνω ιστιοπλοΐα

lim

υπολογίζω

jangu

διαβάζω

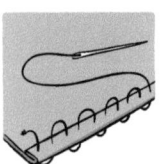

jangu

μαθαίνω

liggo

δουλεύω

res

παντρεύομαι

aaw

ράβω

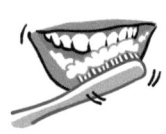

boris ñiiÿe

βουρτσίζω τα δόντια

war

σκοτώνω

simmo

καπνίζω

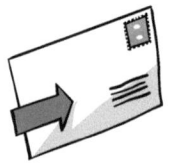

neldu

στέλνω

raaɗo debbo
ά
taaniraaɗo gorko
παππούς
baaba
πατέρας
yumma
μητέρα
tiggu
μωρό
ɓiɗɗo debbo
κόρη
ɓiɗɗo gorko
γιος

koɗo

καλεσμένος

gogo

θεία

kaawiraaɗo

θείος

mawniraaɗo gorko

αδελφός

mawniraaɗo debbo

αδελφή

ɓandu

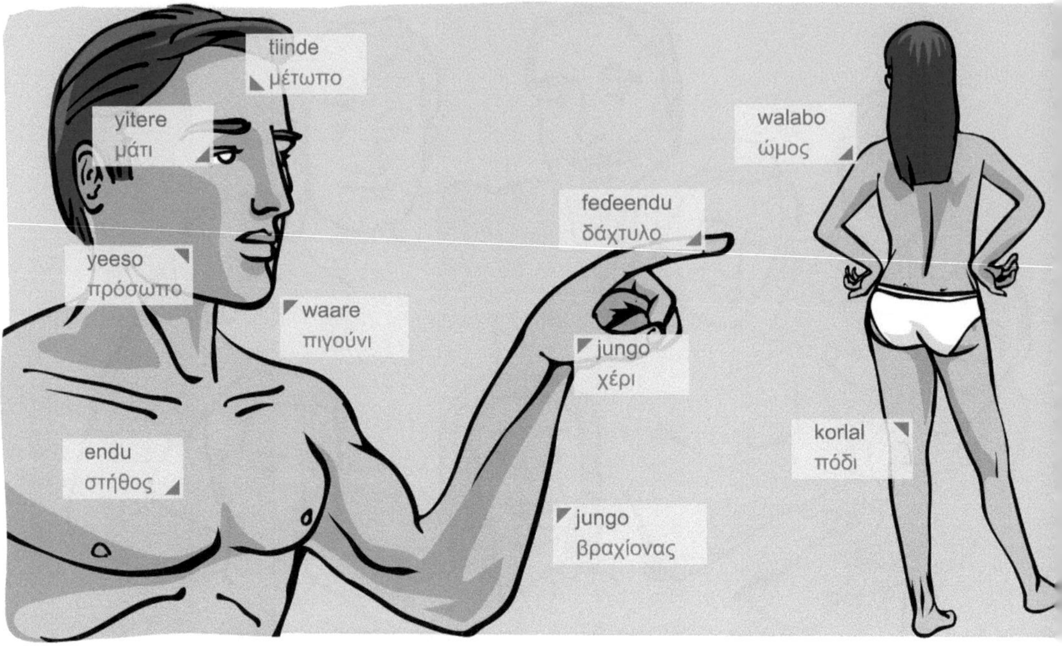

σώμα

tiinde
μέτωπο

yitere
μάτι

walabo
ώμος

feɗeendu
δάχτυλο

yeeso
πρόσωπο

waare
πιγούνι

jungo
χέρι

endu
στήθος

korlal
πόδι

jungo
βραχίονας

tiggu
μωρό

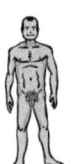

gorko
άνδρας

debbo
γυναίκα

debbo
κορίτσι

gorko
αγόρι

hoore
κεφάλι

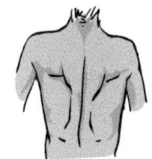

keeci

πλάτη

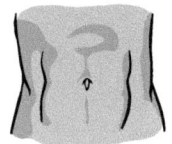

reedu

κοιλιά

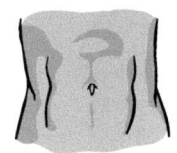

wudduru

αφαλός

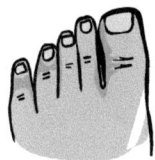

feɗeendu

δάχτυλο ποδιού

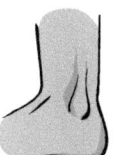

njaaɓordi

φτέρνα

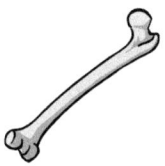

ÿiyal

κόκκαλο

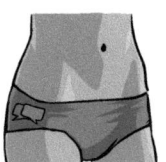

buhal

γοφός

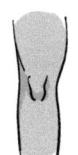

hofru

γόνατο

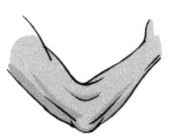

fooŋturu

αγκώνας

hinere

μύτη

gaɗa

γλουτός

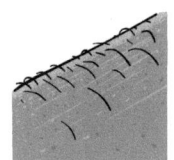

nguru

δέρμα

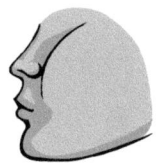

aɓɓuko

μάγουλο

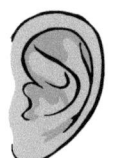

nofru

αυτί

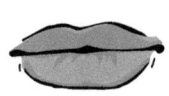

tondu

χείλος

hunuko

στόμα

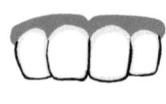

ñiire

δόντι

ɗemngal

γλώσσα

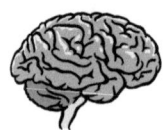

ngaandi

εγκέφαλος

ɓernde

καρδιά

ÿiye

μυς

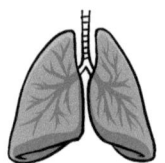

jofe

πνεύμονας

heeñere

συκώτι

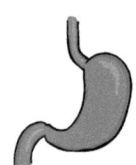

kuuse

στομάχι

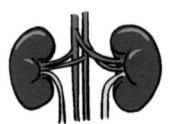

booÿe

νεφρά

leldaade

σεξουαλική επαφή

kawasal

προφυλακτικό

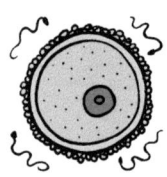

ɓoccoonde

ωάριο

maniiyu

σπέρμα

cowagol

εγκυμοσύνη

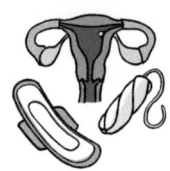

ella

περίοδος

kottu

γυναικείος κόλπος

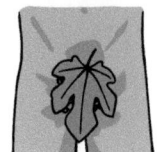

soolde

πέος

leeɓol yitere

φρύδι

sukundu

μαλλιά

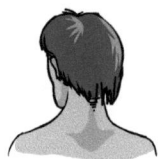

daande

λαιμός

safrirdu
νοσοκομείο

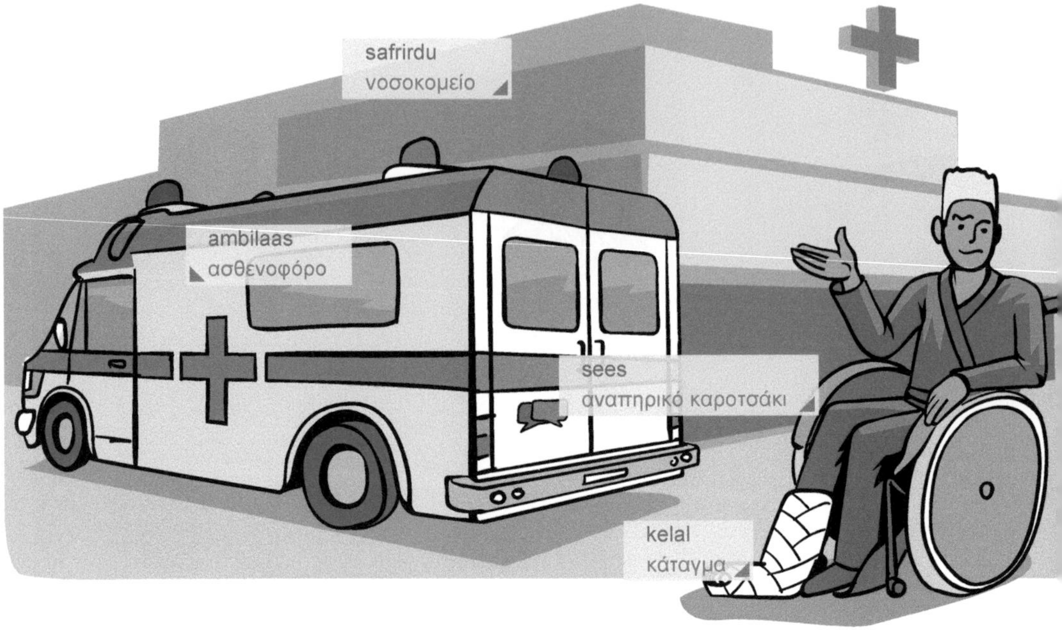

safrirdu
νοσοκομείο
ambilaas
ασθενοφόρο
sees
αναπηρικό καροτσάκι
kelal
κάταγμα

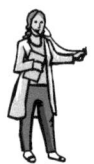

cafroowo
....
γιατρός

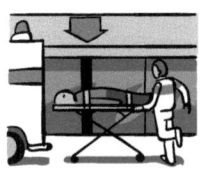

suudu heñaare
....
μονάδα εντατικής θεραπείας

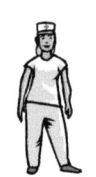

debbo cafroowo
....
νοσοκόμα

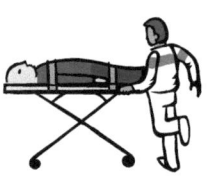

heñorde
....
έκτακτη ανάγκη

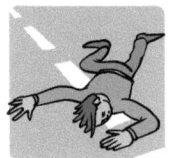

wondaane hakkile
....
λιπόθυμος

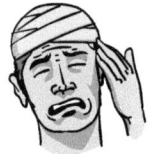

muuseeki
....
πόνος

gaañande

τραύμα

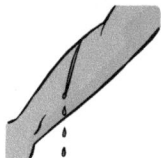

tuɗde ÿiiÿam

αιμορραγία

muuseeki ɓernde

έμφραγμα

piigol

εγκεφαλικό

nefo

αλλεργία

ɗojjude

βήχας

ɓandu wulooru

πυρετός

pali

γρίπη

ndogu reedu

διάρροια

hoore muusoore

πονοκέφαλος

kaaseer

καρκίνος

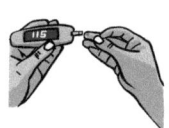

jabett

διαβήτης

oppiroowo

χειρουργός

jaggirdi

νυστέρι

oppeere

εγχείρηση

CT

αξονική τομογραφία

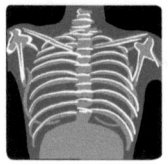

buuɗi x

ακτινογραφία

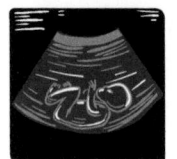

iltarasooŋ

υπέρηχος

huurirdu yeeso

μάσκα

rafi

ασθένεια

heblorde

αίθουσα αναμονής

beeke

πατερίτσα

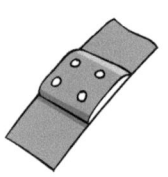

tabak

χάνσαπλαστ

bandaas

επίδεσμος

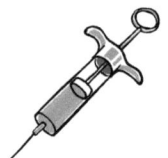

pinggu

ένεση

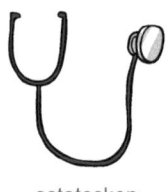

estetoskop

στηθοσκόπιο

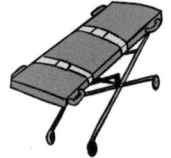

pooɗoowo

φορείο

termomeeter safrirdu

θερμόμετρο

jibinande

γέννηση

ɓuttiɗgol

υπέρβαρο

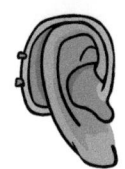

ballal nanirɗe

ακουστικό βαρηκοΐας

labbinoowo

αντισηπτικό

raabo

λοίμωξη

wiriis

ιός

SIDAA

HIV/AIDS

lekki

φάρμακο

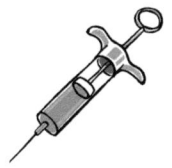

ñakko

εμβολιασμός

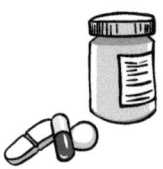

poɗɗe

δισκία

foɗɗere

χάπι

noddaango heñiingo

κλήση έκτακτης ανάγκης

ÿeewtorde yaadu ÿiiyam

πιεσόμετρο αίματος

faawŋi / selli

άρρωστος / υγιής

heñorde

έκτακτη ανάγκη

Ballal

Βοήθεια!

pindinoowo

συναγερμός

njangu

βιαιοπραγία

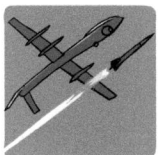

raaŋande

επίθεση

boomre

κίνδυνος

yaltirde yaawnde

έξοδος κινδύνου

Jeyngol

Φωτιά!

ñifoowo jeyngol

πυροσβεστήρας

aksida

ατύχημα

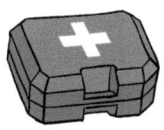

saawdu safaara gadano

κουτί πρώτων βοηθειών

SOS

SOS

poliis

αστυνομία

Leydi
Γη

Orop
Ευρώπη

Amarik Rewo
Βόρεια Αμερική

Amarik Worgo
Νότια Αμερική

Afirik
Αφρική

Aasi
Ασία

Ostaraali
Αυστραλία

Atalantik
Ατλαντικός Ωκεανός

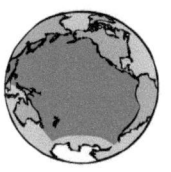

Pasifik
Ειρηνικός Ωκεανός

Maayo Endo
Ινδικός Ωκεανός

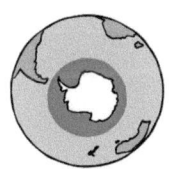

Maayo Antarkatik
Ανταρκτικός Ωκεανός

Maayo Arkatik
Αρκτικός Ωκεανός

Baŋe Rewo
Βόρειος Πόλος

Baŋe Worgo
Νότιος Πόλος

Antarkatik
Ανταρκτική

Leydi
Γη

leydi
γη

maayo
θάλασσα

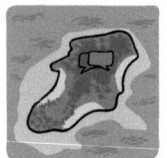

siire
νησί

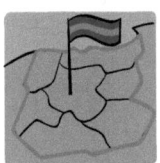

wuro
έθνος

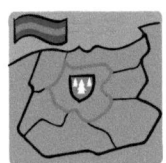

laamu
πολιτεία

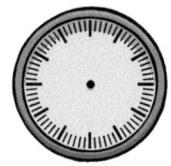

waktu
ρολόι

yeeso waktu

καντράν ρολογιού

jungo waktu

ωροδείκτης

jungo hojoma

λεπτοδείκτης

jungo majaango

δείκτης δευτερολέπτων

hol waktu?

Τι ώρα είναι;

ñalawma

ημέρα

saha

χρόνος

jooni

τώρα

mantoor nattoowo

ψηφιακό ρολόι

hojoma

λεπτό

waktu

ώρα

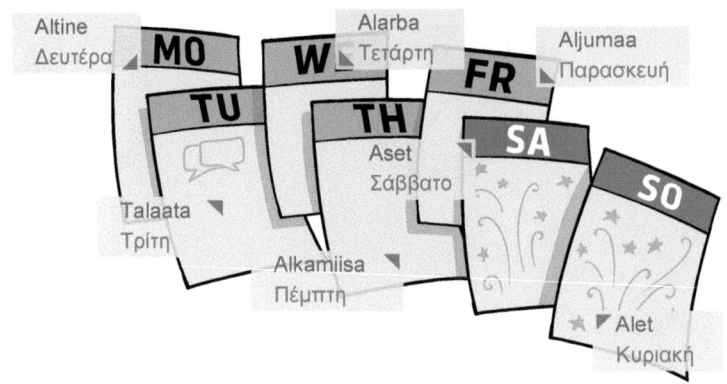

yontere
εβδομάδα

hanki

χθες

hande

σήμερα

jango

αύριο

subaka

πρωί

ñalawma

μεσημέρι

kikiiɗe

βράδυ

biir

εργάσιμες ημέρες

ñalɗi

Σαββατοκύριακο

hitaande

έτος

timtimol
ουράνιο τόξο
tobo
βροχή
nees
χιόνι
hendu
άνεμος
demminaare
άνοιξη
ndunngu
φθινόπωρο
ceeɗu
καλοκαίρι
dabbunde
χειμώνας

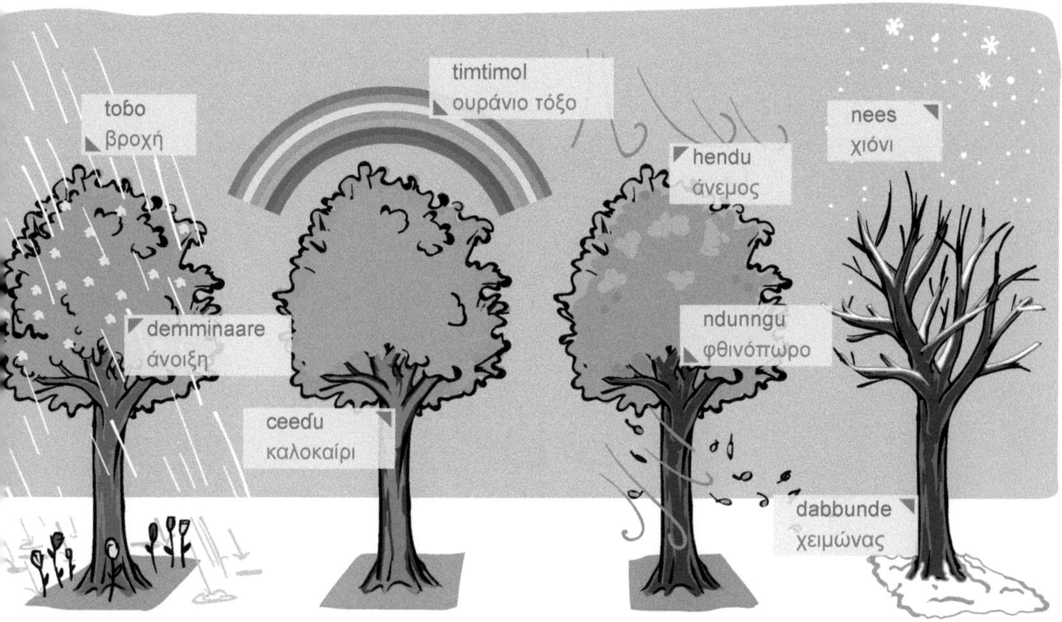

kabaaru weeyo

πρόγνωση καιρού

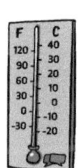

C

termomeeter

θερμόμετρο

naaŋini

λιακάδα

ruulde

σύννεφο

cuurki

ομίχλη

uddeende

υγρασία

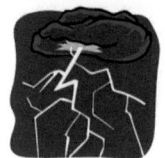

majje

αστραπή

gidaango

κεραυνός

hendu

καταιγίδα

huɗɗni

χαλάζι

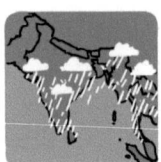

ruulɗini

μουσώνας

waame

πλημμύρα

nees

πάγος

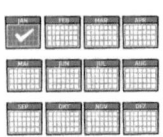

Siilo

Ιανουάριος

Colte

Φεβρουάριος

Mbooy

Μάρτιος

Seeɗto

Απρίλιος

Duuyal

Μάιος

Korse

Ιούνιος

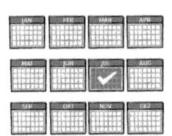

Morse

Ιούλιος

Juko

Αύγουστος

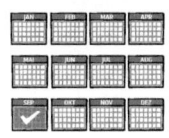

Siilto

Σεπτέμβριος

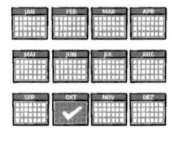

Yarkoma

Οκτώβριος

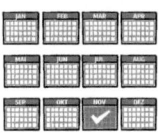

Jolal

Νοέμβριος

Bowte

Δεκέμβριος

ɓalli

σχήματα

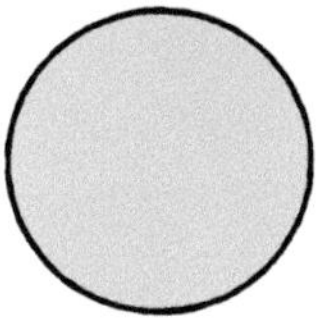

taarto

κύκλος

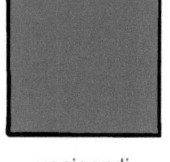

yaajeendi

τετράγωνο

yaajo

ορθογώνιο παραλληλόγραμμο

saraandi

τρίγωνο

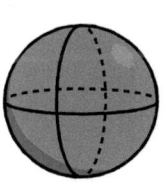

mbiifu

σφαίρα

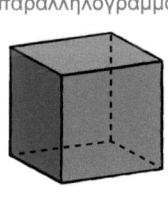

kiibb

κύβος

sifaaji
χρώματα

daneejo

άσπρο

oolo

κίτρινο

oraas

πορτοκαλί

roos

ροζ

boɗeejo

κόκκινο

mboongu

μωβ

bulaajo

μπλε

werte

πράσινο

cooyo

καφέ

puro

γκρι

ɓaleejo

μαύρο

heewi / seeɗa

πολύ / λίγο

seki / deeyi

θυμωμένος / ήρεμος

yooɗi / soofi

όμορφος / άσχημος

fuuɗorde / gasirde

αρχή / τέλος

mawɗo / tokooso

μεγάλος / μικρός

leeri / niɓɓiɗi

φωτεινός / σκοτεινός

maniraaɗo / miñiraaɗo

αδελφός / αδελφή

laaɓi / tunwi

καθαρός / λερωμένος

timmi / manki

πλήρης / ατελής

ñalawma / jamma

ημέρα / νύχτα

maayi / wuuri

νεκρός / ζωντανός

yaaji / faaɗi

φαρδύς / στενός

nano / nanotaako

βρώσιμος / μη βρώσιμος

boni / moÿÿi

κακός / ευγενικός

softi / yoomi

ενθουσιασμένος /
βαριεστημένος

ɓuttiɗi / sewi

παχύς / λεπτός

adi / wattindi

πρώτος / τελευταίος

sehil / gaño

φίλος / εχθρός

heewi / ɓolɗi

γεμάτος / άδειος

muusi / weeɓi

σκληρός / μαλακός

teddi / hoyi

βαρύς / ελαφρύς

heege / ɗomka

πείνα / δίψα

faawŋi / selli

άρρωστος / υγιής

wona laawol / laawol

παράνομος / νόμιμος

feerti / muddiɗi

έξυπνος / χαζός

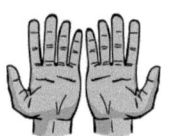

nano / ñaamo

αριστερός / δεξιός

ɓatti / woɗɗi

κοντινός / μακρινός

keso / kiiɗɗo

καινούριος / μεταχειρισμένος

ndiga / huunde

τίποτα / κάτι

nayeejo / suka

γέρος | νέος

huɓɓi / ñifii

αναμμένος / σβηστός

uditi / uddii

ανοιχτός / κλειστός

deeÿi / dille

χαμηλόφωνος / μεγαλόφωνος

alɗi / waasi

πλούσιος / φτωχός

goonga / fenaande

σωστός / λανθασμένος

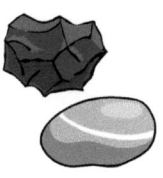

tiiɗi / nooyi

τραχύς / λείος

metti / weli

λυπημένος / χαρούμενος

raɓɓiɗi / juuti

κοντός / μακρύς

leeli / yaawi

αργός / γρήγορος

leppi / yoori

υγρός / στεγνός

wuli / ɓuuɓi

ζεστός / δροσερός

hare / jam

πόλεμος / ειρήνη

0

ndiga

μηδέν

1

gooto

ένα

2

ɗiɗi

δύο

3

tati

τρία

4

nay

τέσσερα

5

joy

πέντε

6

jeegom

έξι

7

jeeɗiɗi

εφτά

8

jeetati

οκτώ

9

jeenay

εννιά

10

sappo

δέκα

11

sappoy goo

έντεκα

12

sappoy ɗiɗi

δώδεκα

13

sappoy tati

δεκατρία

14

sappoy nay

δεκατέσσερα

15

sappoy joy

δεκαπέντε

16

sappoy jeegom

δεκαέξι

17

sappoy jeeɗiɗi

δεκαεφτά

18

sappoy jeetati

δεκαοκτώ

19

sappoy jeenay

δεκαεννέα

20

noogaas

είκοσι

100

teemedere

εκατό

1.000

ujunere

χίλια

1.000.000

miliyooŋ

εκατομμύριο

ɗemɗe
γλώσσες

Aŋale

Αγγλικά

Aŋale Amarik

Αμερικάνικα Αγγλικά

Mandare Siinaaɓe

Μανδαρίνικα Κινέζικα

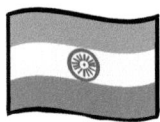

Hindi

Χίντι

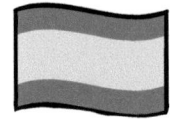

Españool

Ισπανικά

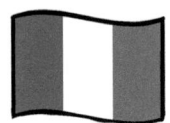

Farayse

Γαλλικά

Arab

Αραβικά

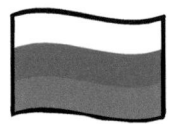

Riis

Ρώσικα

Portigees

Πορτογαλικά

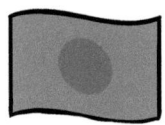

Bengali

Μπενγκάλι

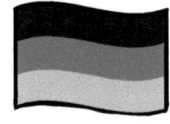

Almaa

Γερμανικά

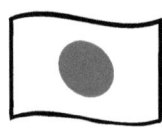

Sapponee

Ιαπωνικά

holoon / holɗuum / holnoon

ποιος / τι / πως

miin

εγώ

an

εσύ

kanko / kanko / kanum

αυτός / αυτή / αυτό

minen

εμείς

onon

εσείς

kamɓe

αυτοί / αυτές / αυτά

holoon?

ποιος / ποια / ποιο;

holɗuum?

τι;

holnoon?

πώς;

holtoon?

πού;

mande?

πότε;

inde

όνομα

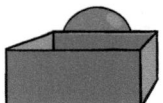

holtoon

πoυ

caggal

πίσω

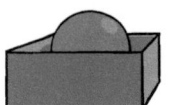

nder

μέσα

sawndo

μπροστά

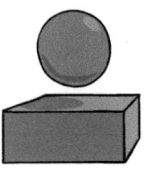

dow

πάνω από

e

πάνω

les

κάτω

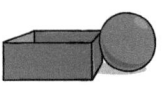

sara

δίπλα

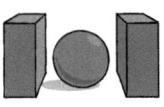

hakkunde

ανάμεσα

nokku

μέρος